Building Reading Skills for
Chinese Language Acquisition in IB MYP

IB MYP中文语言习得阅读训练

DISCOVERING NATURE
自然万物

冯薇薇 叶颖颖 封文慧 编著

SinolinguA
华语教学出版社

First Edition 2021

ISBN 978-7-5138-2004-2

Published by Sinolingua Co., Ltd
24 Baiwanzhuang Street, Beijing 100037, China
Tel: (86) 10-68320585 68997826
Fax: (86) 10-68997826 68326333
http://www.sinolingua.com.cn
E-mail: hyjx@sinolingua.com.cn
Facebook: www.facebook.com/sinolingua
Printed by Beijing Xicheng Printing Co., Ltd

Printed in the People's Republic of China

前　言

一、关于 MYP 中文语言习得课程及其评估标准

IB 课程分为 PYP（小学项目）、MYP（中学项目）、DP（大学预科项目）和 CC（职业教育项目）。无论哪个阶段的课程，其教学理念都是鼓励学生自己去探究和发现身边的一切事物，让学生将所学知识与现实世界联系起来。其中，MYP 课程（国际文凭中学项目）是为十一至十六岁学生提供的富于学术挑战性的课程。课程以探究和概念为重点设计，培养学生批评和独立思考的能力。MYP 课程并没有统一固定的教材，不同地区不同的 IB 学校会根据不同的情况而选用不同的教材。如何选教材、如何设计课程、如何指导学生有效地探究和学习，对老师们来说都极具挑战性。

MYP 中文语言习得课程采用的是标准性评估，按照每个学科组预先确定的标准来衡量世界各地的学生。MYP 项目的前几年里，老师们可以在这些标准的指导下为学生的具体评估提出具体要求，使其更适合学生的年龄和学习目的。老师

们负责为学生内部评估作业。外部评估（IB 考官的评审或督导）也要根据内部评估情况来执行，以确保评估标准的全球统一性。需要为学生申请 IB 证书的学校必须每年接受 IB 组织的评审。

MYP 中文语言习得评核按照语言学习的技能分为 A、B、C、D 四个标准：

评核标准 A——理解口头和视觉材料（听）；

评核标准 B——理解书面和视觉材料（读）；

评核标准 C——通过回应口头 / 书面 / 视觉材料进行交流（说）；

评核标准 D——以书面的形式运用语言（写）。

其中，理解书面和视觉材料（阅读理解）的具体内容是：针对单元主题和探究问题而进行的阅读理解和思考，老师需要提供既有文字又有图像的内容，并从三个不同方面进行提问：第一部分，辨认信息、想法及细节；第二部分，诠释基本的惯用手法，包括文章的形式和风格；第三部分，识别思想观点、看法和态度，并针对材料做出个人回应。

二、通过有针对性的阅读与训练，达到 MYP 中文语言习得课程的学习目标

为了帮助 MYP 中文课程的学生提高阅读水平，并在大纲设定的框架内进行有针对性的理解和思考，我们特意编写了本系列图书。

本系列图书共分为《十二生肖》《四季气象》《自然万物》《人与家庭》《身体奥秘》《探究互动》六个分册。每个分册包含十个左右生动有趣的故事，每个故事围绕一个常用汉字展开。

这些故事或阐释汉字的意义，或体现其文化特征，或展现语言运用情境。通过阅读这些故事，学生可以掌握相关的语言知识和文化知识，培养发现、获取信息及构建跨学科知识体系的能力，提高理解不同文化的思辨水平。

每篇故事后面，我们都根据"MYP 中文课程大纲评估标准"编写了系统的练习，同时还配有"文化小贴士"和"跨学科百宝箱"版块。通过阅读理解和完成练习，学生可以稳步提高自己理解信息、思考问题的能力，掌握语言表达的技巧，同时扩展知识领域、拓宽文化视野。每册书的最后都附有"汉字游戏"，供学习者通过游戏巩

固所学的汉字。

这种系统的、有针对性的阅读与训练，可以使课堂教学更加丰富有趣，并逐步实现IB的教学理念，为学生顺利进入下一阶段的学习打下坚实的基础。同时，学生还可以通过阅读本书来了解丰富的汉字知识和文化，为日后的阅读和写作打好基础。

目录

MYP 教学单元计划

<table>
<tr><td colspan="3">单元主题
自然万物（日、月、山、田、木、竹、茶、果、丝、毛、羽、鱼）</td></tr>
<tr><td colspan="3">主题说明：每个人在保护自然环境方面都能起到非常重要的作用。</td></tr>
<tr><td>核心概念：
联系</td><td>相关概念：
受众、观点</td><td>全球背景：
全球化与可持续发展</td></tr>
<tr><td colspan="3">探究说明：人类在征服自然和利用自然的同时，也对自然均衡状态造成了破坏。</td></tr>
<tr><td colspan="3">探究问题</td></tr>
<tr><td colspan="3">事实性：自然万物都包括什么？</td></tr>
<tr><td colspan="3">概念性：自然万物是如何影响人类生活的？</td></tr>
<tr><td colspan="3">辩论性：人类的进步和发展是否一定要以破坏自然均衡为代价？</td></tr>
</table>

第一课　日

阅读文本

太阳住在高高的天上，离大地上的动物们太远了，没办法跟动物们玩儿。所以，太阳总是很孤单。

白云离太阳最近。她看着太阳孤单的样子，不禁同情起他来。白云每天都和太阳在一起玩儿，他们成了好朋友。

为了让太阳开心，白云按照太阳的形状画了一个圆，又在中间画了一条横线做笑脸，还给太阳起了个新名字“日”。

太阳非常喜欢白云，忍不住拥抱了她。这下可不得了！太阳太烫了，水做的白云一下子蒸发成水蒸气，消失得无影无踪。

太阳失去了唯一的朋友，既伤心又后悔。幸好没过多久，水蒸气重新汇集，变了新形状的白云又出现了。

太阳知道，拥抱并不会失去白云，反而会使白云更加形态万千地出现在他的眼前，所以，他们比之前更加要好了。

当白云偶尔从天空中消失的时候，大家不要担心，那是因为太阳和白云这对好朋友太喜欢彼此，又拥抱了！

练习题

第一部分：辨认信息、想法及细节，并做总结

一、根据短文第一段和第二段回答问题。

1. 太阳离大地 ______。 □

A. 不太远　　B. 太远了

C. 非常近　　D. 有点儿近

2. 白云离太阳 ______。 □

A. 不太远　　B. 太远了

C. 非常近　　D. 有点儿近

二、根据短文判断下面叙述的对错，并以短文内容说明理由。

	对	错
1. 太阳总是孤单一个。 理由：______________________	□	□
2. 太阳的名字是白云给他起的。 理由：______________________	□	□
3. 太阳的热度让白云一下子就蒸发没了。 理由：______________________	□	□

4. 太阳从来都没有朋友。 ☐ ☐

理由：______________________

5. 白云消失之后就不会再回来了。 ☐ ☐

理由：______________________

三、根据短文选出最适合左边词语的解释，把答案写在方框里。

1. 孤单 ☐

2. 无影无踪 ☐

3. 后悔 ☐

A. 完全消失，不知去向

B. 懊恼过去做得不对

C. 一个人的单位

D. 电影里的踪迹

E. 后来悔恨一个人

F. 独自一个人

第二部分：诠释基本的惯用手法

根据短文回答下面的问题。

1. 这是 ______。 ☐

A. 一个宣传海报　　B. 一篇日记

C. 一篇新闻报道　　D. 一篇寓言故事

2. 这篇短文的写作目的是 ______。 ☐

A. 记叙白云和水蒸气

B. 描写太阳和白云

C. 讲解白云和蒸气的关系

D. 说明太阳和白云的关系

3. 请简要描述一下插图的内容。

第三部分：识别思想观点、看法和态度，并针对材料做出个人回应

通过阅读短文并结合你自身的经历回答下面的问题。

1. 太阳对地球万物的生长有什么影响？请举例说明。

2. 请观察每天不同时段（如：早上、中午、傍晚）的太阳，说说它们的不同。

文化小贴士

“日”这个字是象形字，外面的圆形轮廓像太阳，中间的一横表示太阳的光。

在古老的农耕社会，农作物收获的多少与太阳出现的规律息息相关，所以农民都非常尊敬太阳。中国民间有很多与“日”有关的神话故事，如“夸父逐日”“后羿射日”等。

甲骨文 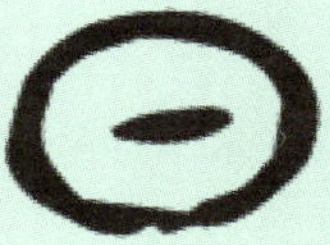

金文 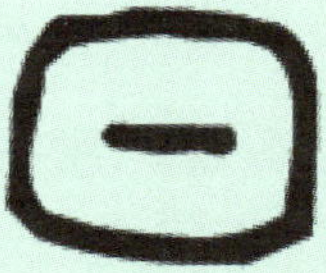

小篆 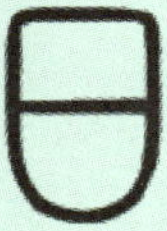

楷体 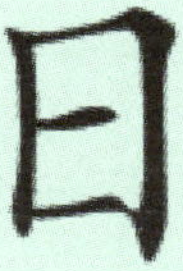

跨学科百宝箱

关于“日”的小知识

❀太阳是位于太阳系中心的恒星，它的直径相当于地球直径的 109 倍，体积大约是地球的 130 万倍，其质量大约是地球的 330000 倍。

❀“日”字也有一天的意思。地球绕太阳公转，经过 365 日，正好能绕太阳一圈。

第二课　月

阅读文本

月亮婆婆有很多星星孙女。婆婆非常疼爱她们，星星们也都很喜欢婆婆。月亮婆婆给每一个星星都做了漂亮的衣服，让她们能在夜晚的天空中发出金色的光芒。

别看月亮婆婆年纪大，她最喜欢的事却是捉迷藏。月亮婆婆每天都把自己圆圆脸的形状改变一点点，好让星星孙女们认不出来她。星星们不但没有被婆婆的变脸难倒，反而不甘落后地学着婆婆玩儿捉迷藏。

虽然看上去星星们总是围在婆婆身旁，逗婆婆开心，但实际上，她们一直都在找机会在婆婆面前藏起来。她们个子小，人数又多，轮流往云朵里面躲一会儿，月亮婆婆都发现不了。

月亮婆婆的“变脸法术”不多，虽然每天只变一次，但也只能坚持一个月。一个月后，月亮婆婆的“变脸法术”都用完了，只能再开始新一轮的变化。

月亮婆婆变回圆圆面貌的那一天，正好就是每个月的第十五天。所以，在中国农历的每月十五这一天，星星孙女们总是围着圆圆面孔的婆婆，听她讲故事。

练习题

第一部分：辨认信息、想法及细节，并做总结

一、根据短文回答问题。

1. 月亮婆婆为什么要给星星孙女们做漂亮的衣服？

2. 月亮婆婆最喜欢做什么？

3. “不甘落后”是什么意思？

4. 月亮婆婆什么时候会是圆圆的样子？

5. 在月亮婆婆变回圆圆的样子的时候，星星孙女们会做什么？

二、根据短文选出最适合左边句子的结尾，把答案写在方框里。

1. 月亮婆婆非常疼爱	□	A. 让星星孙女们认不出来她。
2. 月亮婆婆“变脸”的目的是	□	B. 听婆婆讲故事。
3. 月亮婆婆最喜欢的事情是	□	C. 星星孙女们。
4. 星星孙女在夜晚的天空中	□	D. 跟婆婆团聚。
5. 星星孙女们在中国农历每月十五这一天	□	E. 找不到星星孙女们。
		F. 再开始新一轮的变化。
		G. 圆圆的本来面貌。
		H. 捉迷藏。
		I. 发出金色的光芒。

第二部分：诠释基本的惯用手法

根据短文回答下面的问题。

1. 这是一篇童话故事，因为这是 ______。 □

A. 小孩子讲出来的故事

B. 用儿童说的话写的故事

C. 讲给小孩子听的故事

D. 用儿童能看懂的字写的故事

2. 这篇短文的写作目的是什么？

3. 请简要描述一下插图的内容。

第三部分：识别思想观点、看法和态度，并针对材料做出个人回应

通过阅读短文并结合你自身的经历回答下面的问题。

1. 你知道月亮、太阳、地球这三者之间的关系吗？请简要说明一下。

2. 元宵节和中秋节都是与月亮有关的中国传统节日，你更喜欢哪一个？为什么？

文化小贴士

月亮本身不发光，靠反射太阳光而发亮。虽然月亮跟太阳一样是圆形的，但在只能看到发光面的我们眼中就有了不同的模样。因此，同为象形字，“月”字在“日”字的基础上有了一些小变化，不对称的结构也正好表现出月亮形状的多样。

月亮在中国传统文化中是美丽温婉的象征，经常以女性的形象在神话和民间故事中出现，其中最著名的要数住在月宫中的女神嫦娥了。

甲骨文 

金文 

小篆 

楷体 

跨学科百宝箱

关于“月”的小知识

❀肉眼看来月亮和太阳的大小差异不大，但实际上，太阳的直径大约是月亮直径的400倍。因为月亮离地球比太阳离地球要近得多，我们在地球上看起来才会差不多大。

❀你发现了吗？夜里走路的时候，月亮也会跟着我们一起走。这并不是月亮在故意捉弄你，而是因为月亮距离我们实在是太远了。要知道，月亮和地球距离最近的时候，也有363300千米。所以我们走的那些路、我们跟她之间的距离变化，相对于月亮与我们之间的距离来说，小到几乎可以忽略，就好像她一直跟着我们走路一样。

第三课　山

阅读文本

在遥远的东方有七座山峰，山峰由天神的七个儿子幻化而成。七座山峰彼此错落联结，共同围绕在圣湖周围。

住在山脚下的姑娘伊莲娜常常去圣湖边跳舞，她的舞姿十分优美，过路的行人纷纷停下来观看。

跳舞的时候，伊莲娜认识了一个叫西泽尔的小伙子。西泽尔笛子吹得很好，经常给伊莲娜伴奏，他们每天在一起唱歌跳舞，很快便相爱了。

其实，小伙子是西泽尔峰的化身，是天神最小的儿子。他有无穷无尽的生命，不会衰老也不会死亡。

西泽尔陪伴了伊莲娜很多年，直到头发花白、再也跳不动舞的伊莲娜去世。

失去了爱人的西泽尔非常伤心，一夜之间，西泽尔峰上所有的树都干枯而死，所有的岩石都变成了黑色，很快就崩塌了。

从此，七座山峰变成了六座。圣湖的水顺着西泽尔峰的缺口流向人间，沿岸的人们饮过水后就会变得能歌善舞。

人们每年在伊莲娜的忌日都会举行盛大的歌舞会，以纪念这对深爱彼此的恋人。

练习题

第一部分：辨认信息、想法及细节，并做总结

一、根据短文第一段和第二段回答问题。

1. 七座山峰是怎么来的？

2. 伊莲娜住在哪儿？

二、根据短文第二段判断下面叙述的对错，并以短文内容说明理由。

	对	错
1. 伊莲娜常常在山脚下跳舞。 理由：________________	□	□
2. 很多人都喜欢看伊莲娜跳舞。 理由：________________	□	□

3. 每当伊莲娜跳舞的时候，西泽尔都会在她的身边。 □ □

理由：________________________

4. 西泽尔很会跳舞。 □ □

理由：________________________

5. 伊莲娜和西泽尔是恋人关系。 □ □

理由：________________________

三、根据短文第三段选出最适合左边词语的解释，把答案写在方框里。

1. 无穷无尽 □

2. 干枯 □

3. 崩塌 □

A. 失去水分

B. 非常贫困

C. 怎么用都用不完

D. 塌陷

E. 枯树

F. 崩裂而倒塌

四、用短文中的词语完成下面的句子。

1. 他今年生日过后就从少年 ______ 了青年。

2. 我每天放学后都 _____ 长安街从东走到西。

3. 通常来讲，中国的少数民族都 ________。

4. 传说，端午节是中国古代诗人屈原的 _______。

5. 中西方应该尊重 ________ 的文化。

第二部分：诠释基本的惯用手法

根据短文回答下面的问题。

1. 这是一篇什么体裁的文章？

2. 这篇短文的写作目的是什么？

3. 你从第一幅插图里获得了哪些信息？

第三部分：识别思想观点、看法和态度，并针对材料做出个人回应

通过阅读短文并结合你自身的经历回答下面的问题。

1. 你喜欢爬山（远足）吗？为什么？

2. 你喜欢跟家人一起去爬山（远足）还是跟朋友一起去？为什么？

文化小贴士

“山”字是象形字，整体的形状看上去像是并立的山峰。“山”也是一个常用的汉字部首，用“山”字作部首的字的含义多数与山有关。

中国地域广阔，从西向东海拔变化很大，有很多的山脉。因为所处位置不同，这些山脉也呈现出各不相同的美丽风景。其中最著名的五座山，被合起来称为“五岳”，分别是东岳泰山、西岳华山、南岳衡山、北岳恒山、中岳嵩山。

“五岳”是中国古代民间山神崇拜、五行观念和帝王巡猎封禅相结合的产物，其中泰山曾经是历代皇帝封禅祭祀的地方，更是他们受命于天、定鼎中原的象征。

甲骨文

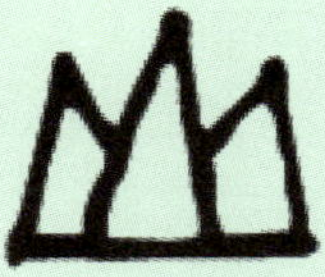

金文

小篆

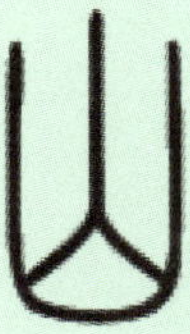

楷体

跨学科百宝箱

关于“山”的小知识

❀山是地球表面上升地区经受河流切割而形成的，自上而下分为山顶、山坡、山麓三部分。

❀喜马拉雅山脉是世界海拔最高的山脉，位于中国与尼泊尔之间，主峰珠穆朗玛海拔高度8844.43米，是世界最高的山峰。

❀在中国，有四座山被称为佛教四大名山。它们分别是五台山、峨眉山、九华山和普陀山。

第四课　田

阅读文本

稻草人茂茂有一片心爱的麦田。

开始的时候，茂茂的麦田很大很大，被很多农民伯伯非常用心地管理着。茂茂也尽职尽责地守护着麦田，驱赶前来偷食的鸟雀。他看着麦苗被播种，看着它们的枝叶一点点长大，看着麦穗饱满成熟，心里感到十分满足。

到了秋天收获的时节，茂茂的麦田满满都是耀眼的金黄色。微风吹过，到处弥漫着麦子的香气。虽然茂茂一辈子只

能站在一个地方，但是他坚信，在这个世界上再也没有其他地方比自己的麦田更漂亮了。

可是，越来越多的人不再种麦子了。农民伯伯的年纪越来越大，变成了农民爷爷，一个接一个地被儿女接到城市里，再也没有回来。茂茂的麦田没有人播种了，最终全部荒芜了。

茂茂很伤心，但他只是稻草人，不是真正的人，所以不能照顾麦田。茂茂知道自己再也看不到金黄色的麦田了。

这一天，茂茂做了一个很长的梦，再也没有醒过来。梦里，茂茂看见了长满麦子的麦田。

这一年夏天，麦田里只剩下最后一株麦子。它站在稻草人茂茂的肩膀上，麦穗金黄，像是从茂茂的梦里长出来的一样。

练习题

第一部分：辨认信息、想法及细节，并做总结

一、根据短文第二段和第三段选择正确的答案。

1. 稻草人茂茂住在 ______。 □

A. 山里　　B. 海里

C. 田里　　D. 林里

2. 茂茂负责赶走 ______。 □

A. 来偷吃的小鸟　　B. 来偷吃的农民

C. 来偷吃的麦子　　D. 来偷吃的小孩

3. 茂茂的“家”怎么样？请在这两段里找出两个恰当的形容词。

（1）______________________________

（2）______________________________

4. 收获的季节，茂茂“家”的空气中有什么味道？

二、根据短文第二段和第三段判断下面叙述的对错，并以短文内容说明理由。

	对	错
1. 茂茂非常认真地管理着麦田。 理由：________________	□	□
2. 茂茂看着麦子从麦苗成长为麦穗，感到非常高兴。 理由：________________	□	□
3. 每到春天，茂茂就可以闻到麦子的香气。 理由：________________	□	□
4. 茂茂站立的地方从来都没换过。 理由：________________	□	□
5. 茂茂觉得麦田最漂亮了。 理由：________________	□	□

三、根据短文第四段到第七段选出最接近左边句子的结尾，把答案写在方框里。

1. 后来，越来越多的人 □

2. 农民爷爷都被儿女 □

A. 不再种麦子了。

B. 再也没有回来。

C. 接到城市里。

D. 金黄色的麦田了。

3. 麦田没有人播种了， □

4. 茂茂知道再也看不到 □

5. 茂茂梦见了 □

E. 最终彻底荒芜了。

F. 只剩下最后一株麦子。

G. 长满麦子的麦田。

第二部分：诠释基本的惯用手法

根据短文回答下面的问题。

1. 这是一个 ______。 □

A. 给小孩子讲的寓言故事

B. 给大人讲的真实故事

C. 给男孩子讲的故事

D. 给女孩子讲的故事

2. 这篇短文的中心思想是什么？

3. 请简单描述一下插图中的内容。

第三部分：识别思想观点、看法和态度，并针对材料做出个人回应

通过阅读短文并结合你自身的经历回答下面的问题。

1. 你去过农村吗？你见过麦田吗？你知道麦田跟我们的生活有什么关系吗？请上网找资料，然后简要说明一下。

2. 比较大米做的食物和面粉做的食物，你更喜欢哪一种？为什么？

文化小贴士

农田间有田埂，用来区分农田边界、储蓄水分。田野上横向和纵向的田埂交错在一起，把土地分割开来，就形成了我们经常说的农田。“田”这个汉字的字形就是田埂交错的农田的形象表现。

中国古代社会大多实行封建制度，只有少部分的地

主拥有田地，他们把田地给农民们耕种，并收取繁重的地租。因为田地的多少即代表着地位高低和家境贫富，中国人的传统观念中非常珍视田地，农民们把拥有田地看成是最大的梦想。

甲骨文 

金文 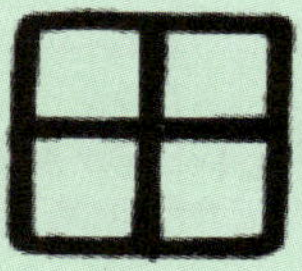

小篆 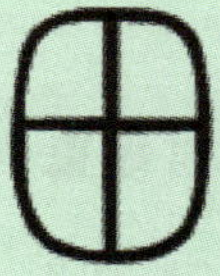

楷体 

跨学科百宝箱

关于“田”的小知识

❀汉语把农田地里的小道和灌溉渠道称作“阡陌”，其中竖向即南北方向的称为“阡”，横向即东西方向的称为“陌”。

❀农民伯伯为了防止鸟雀偷吃田地里的庄稼，经常用稻草做成人偶立在田里，这就是“稻草人”。

第五课　木

阅读文本

在大森林深处，住着树木仙子阿柠。美丽的阿柠有着瀑布般的长发，总是穿着树叶做成的长裙，她棕色的大眼睛也总是闪烁着明亮的光芒。

阿柠居住的房屋建立在森林中最粗壮的大树上，家里所有的家具都是由木头制成的。森林里的树木保护着阿柠，所以陌生人很难看到她。

有一天，森林里下了一场暴雨。火之国的王子阿炎不仅在雨中迷了路，还被大雨淋得奄奄一息。善良的阿柠搭救了阿炎，两个人很快相爱了。可是作为树木仙子的阿柠非常怕火，而作为火之国的王子，阿炎没有火就不能生存。他们虽然很相爱，但却永远不能拥抱。

阿柠和阿炎都不愿意放弃彼此的爱情。两个人每天形影不离，直到今天还一直生活在一起。每当他们牵手的时候，就能制作出燃烧的火把。他们把火把分给人类，帮助人类照亮黑暗，烹饪食物。

虽然不能拥抱，但形影不离的阿柠和阿炎长长久久地过着幸福的生活。他们保护和传递着世界上所有的火种，给漫长的黑夜带来了爱的光明和温暖。

练习题

第一部分：辨认信息、想法及细节，并做总结

一、根据短文第一段和第二段选择正确的答案。

1. 阿柠的裙子是用什么制成的？ □

A. 树木　　B. 木头

C. 树叶　　D. 大树

2. 阿柠受到谁的保护？ □

A. 树木　　B. 木头

C. 树叶　　D. 大树

二、根据短文第三段判断下面叙述的对错，并以短文内容说明理由。

	对	错
1. 阿炎差点儿在暴雨中死了。 理由：________________	□	□
2. 阿柠特别害怕火。 理由：________________	□	□
3. 阿炎和阿柠虽然爱对方，但却不能相拥。 理由：________________	□	□

三、从短文第四段和第五段中找出跟下面画线的词语意思相近的词语，并把答案写在括号里。

1. 阿柠和阿炎两个人每天无论走到哪儿都在一起，从来没有分开过。（　　）

2. 每当他们手拉手的时候就变成了一个燃烧的火把。（　　）

3. 阿炎和阿柠一起帮助人类在黑暗中看到光亮，也帮助人类做饭。（　　）

4. 阿柠和阿炎一直过着幸福的生活。（　　）

5. 他俩共同给好像永远过不完的黑夜带来了爱的光明和温暖。（　　）

第二部分：诠释基本的惯用手法

根据短文回答下面的问题。

1. 这是一篇 ______。 □

A. 议论文　　B. 记叙文

C. 说明文　　D. 描写文

2. 这篇短文的写作目的是什么？

3. 请简要描述一下插图中的内容。

第三部分：识别思想观点、看法和态度，并针对材料做出个人回应

通过阅读短文并结合你自身的经历回答下面的问题。

1. 为了防止发生“火灾”，在树林或森林中行走时，我们应该注意什么？

2. 我们家里的家具有用木头做的，也有用塑料做的。比较这两种材料，你觉得哪一个更环保？为什么？

文化小贴士

“木”字的字形跟树木的形状很像，上面是枝叶，下面是树根。这个字还有其他的意思，可以用来形容人呆笨的样子，或是形容人感觉不灵敏。

树木与人类生活密不可分，可以用来造纸、制作家具、建造房屋、燃烧取暖、烹调食物，等等。但是因为人类的过度砍伐，地球上的森林已经越来越少了。请大家一定要保护树木，节约使用木制品，不要让大地失去树木的庇佑哦！

甲骨文 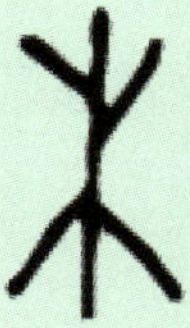

金文 

小篆 

楷体 

跨学科百宝箱

关于“木”的小知识

❀树木的横断面上有一些同心圆轮，称为“年轮”。树木在温暖和寒冷的时节中生长速度不同，形成的木质的松紧不同，颜色也就不同，年轮因此而形成。

❀目前，森林覆盖着地球陆地面积的约三分之一，而位于南美洲的亚马逊热带雨林是全球最大、物种最多的热带雨林，被人们称为“地球之肺”。

第六课　竹

阅读文本

古时候，秋叶城和天水城的商业十分发达，经常有商人在两座城市之间来往。两座城相距不算太遥远，但两城之间有一片广阔的竹林，这里经常有强盗出没，偷盗商人的钱财货物。对此，大家都束手无策。

有一天，一个侠客路过竹林，他听说这里有强盗，就在竹林里住了下来。这个人非常神秘，他不但能在翠竹之上轻灵行走，而且来无影去如风，挥剑如同惊雷。侠客在竹林里

守护着来往的商人，帮助路过的商人打退过很多次强盗。从此商路得到了安宁。

强盗们不能再抢劫，就想杀死侠客。他们趁着夜色在竹林里放火，大火烧了一整夜，整个竹林都变成了焦土，侠客的房子也被烧成了灰。谁知第二天，数不清的竹笋从地下冒出来，飞快地长大，竹林在几天内又恢复了原样。强盗们认为这是天神的警告，再也不敢进入竹林抢劫商人了。

这以后，侠客也不知所踪。两座城的百姓都认为侠客是竹林的守护神，专程来帮助大家驱赶强盗的。为了感谢他，大家给竹林起了一个名字，叫作“侠客林”。

练习题

第一部分：辨认信息、想法及细节，并做总结

一、根据短文回答问题。

【第一段】

1. 秋叶城是一个什么样的城市？

2. 从天水城去秋叶城，途中要经过哪里？

3. 这条路安全吗？为什么？

【第二段】

4. 谁在竹林里住了下来？

5. 这个住在竹林里的人有什么本事？

【第三段】

6. 这个人在竹林住下后发生了一件什么事？

7. 再之后，发生了一件意想不到的事情。这件意想不到的事是什么事？

8. 所发生的一系列事情的结果是什么？为什么会有这样的结果？

【第四段】

9. 当地的居民后来还有没有再看见过这个人？从哪个词语你得到了这个答案？

10. 发生一系列事件的地方到底叫什么名字？

二、根据短文选出最适合左边词语的解释，把答案写在方框里。

1. 出没 □
2. 束手无策 □
3. 云游四方 □
4. 数不清 □
5. 专程 □

A. 太多了
B. 没有任何办法
C. 政策
D. 特意
E. 很清楚地数出来
F. 到处游玩
G. 专业的程度
H. 时隐时现

第二部分：诠释基本的惯用手法

根据短文回答下面的问题。

1. 这是一篇 ______。 □

A. 说明文 B. 记叙文

C. 议论文 D. 描写文

2. 这篇短文的写作目的是什么？

3. 请简要说明一下插图的内容。

第三部分：识别思想观点、看法和态度，并针对材料做出个人回应

通过阅读短文并结合你自身的经历回答下面的问题。

1. 你觉得什么是侠客精神？在你的朋友中，有没有具有侠客精神的人？请举例说明。

2. 比较你和你最好的朋友的性格，说一说你们成为好朋友的原因。

文化小贴士

“竹”这个字的字形与竹茎和下垂的叶片相似。凡是带有这个偏旁的汉字，其意思大都与竹子有关。

竹的枝干挺拔而修长，四季常青。因此，在中国传统文化中，竹被认为是君子的象征，有清雅坚韧的品质。竹与梅、兰、菊并称为四君子，是中国传统诗词和绘画中常见的描写对象。

甲骨文 

金文 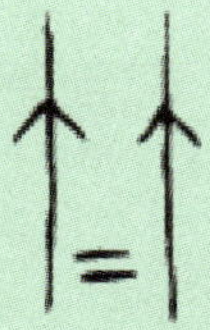

小篆 

楷体 竹

跨学科百宝箱

关于“竹”的小知识

❀竹通常通过地下匍匐的根茎成片生长。大多数竹子一生只开一次花，在开花后不久即死去，因此竹子开花也被看作是不吉利的征兆。

❀在中国云南，人们把米和水装进竹筒，放在火中烤。米饭烤熟后，劈开竹筒就可以吃了。这种美食叫作“竹筒饭”。

❀把竹子劈成细条，编织在一起，经过晾晒加工，就能做成凉席。过去没有空调的时候，在炎热的夏季，中国几乎家家户户都会使用凉席。

第七课　茶

阅读文本

清平镇盛产茶叶。镇上有一个叫李舒的青年人，他独自经营着一个很小的茶园。李舒家境清贫，父母早亡，但却是出了名的忠厚勤奋，十里八乡的人提起李舒，没有不称赞的。

李舒每天在茶园辛勤劳作，从种茶到采茶，全部亲力亲为。他的茶叶虽然产量小，但质量却是清平镇最好的。

这天，李舒的茶园来了一位叫碧螺的年轻女子。碧螺说自己来自贫穷的乡下，希望在镇里找一份工作，听说李舒心善，就前来求他。李舒看她可怜就收留了她，让她在茶园做帮手。

碧螺心灵手巧，还很有想法。李舒在她的建议下改进了制茶的方法，经过揉捻、搓团、烘干、炒制，制成了一种香气清新的新茶。这种茶一出现就受到大家的欢迎，李舒的生意越来越好。后来，李舒和碧螺还无私地把制茶的方法教给了其他人，普及制茶技术。

慢慢地，李舒和碧螺相爱了。碧螺告诉李舒，自己其实是茶树仙子，看到李舒人好又勤奋，所以前来帮助他。李舒

感谢碧螺为自己所做的一切，并娶碧螺为妻。从此之后，他们俩就永远幸福地生活在一起。他们所制的茶叶被大家叫作“碧螺春”。

练习题

第一部分：辨认信息、想法及细节，并做总结

一、根据短文第一段和第二段判断下面叙述的对错，并以短文内容说明理由。

对　错

1. 李舒的茶园非常大，盛产茶叶。　□　□

理由：＿＿＿＿＿＿＿＿＿＿＿＿＿＿

2. 李舒是一个孤儿。　□　□

理由：＿＿＿＿＿＿＿＿＿＿＿＿＿＿

3. 李舒做起事来非常努力，所以受到大家的赞扬。　□　□

理由：＿＿＿＿＿＿＿＿＿＿＿＿＿＿

4. 李舒的工作地点就在他的茶园里。　□　□

理由：＿＿＿＿＿＿＿＿＿＿＿＿＿＿

5. 李舒茶园的茶叶是当地最好的。　□　□

理由：＿＿＿＿＿＿＿＿＿＿＿＿＿＿

二、根据短文第三段和第四段回答下面的问题。

1. 碧螺姑娘为什么来找李舒？

2. 这一段中的哪个词语说明李舒人特别好？

3. 这一段中的哪个词语说明碧螺非常能干？

4. 制茶需要多少道工序？请举例说明。

5. 李舒和碧螺是怎么普及制茶技术的？

三、根据短文第五段选出最接近左边句子的结尾，把答案写在方框里。

1. 李舒和碧螺相爱了，	□	A. 幸福地生活在一起。
		B. 并娶碧螺为妻。
2. 碧螺说，	□	C. 不久就结了婚。
		D. 前来帮助他。
3. 李舒十分感谢	□	E. 碧螺为自己所做的一切。
		F. 她自己是茶树仙子。
4. 李舒和碧螺	□	G. 叫作“碧螺春”。
5. 大家把他俩做的茶叶	□	H. 又好又勤奋。

第二部分：诠释基本的惯用手法

根据短文回答下面的问题。

1. 这篇短文的主旨是 ______。 □

A. 说明好人有好报

B. 介绍碧螺春

C. 描写李舒的茶园

D. 介绍李舒的家庭

2. 这是一篇什么体裁的文章？

3. 请简要说明一下插图中的内容。

第三部分：识别思想观点、看法和态度，并针对材料做出个人回应

通过阅读短文并结合你自身的经历回答下面的问题。

1. 你知道茶叶对人的身体健康有什么影响吗？请举例说明。

2. 你觉得喝茶和喝咖啡哪一个更健康？为什么？

文化小贴士

茶叶最早是中国开始饮用和种植的。现在中国发现最早的种植茶叶的历史遗迹距今有6000年左右的历史。在民间流传着“开门七件事——柴米油盐酱醋茶”的说法，即普通人家每天要想维持正常的生活，一定要有七样东西，其中就包括茶叶。由此可以看出饮茶在中国文化和生活中的重要地位。

茶叶在中国被广泛种植，种类繁多，口味各异。人们对饮茶的环境、礼节、操作方式等饮茶仪程都已很讲究，有了一些约定俗成的规矩和仪式，被称作“茶道”。

跨学科百宝箱

关于“茶”的小知识

❀茶在中国最早是作为药使用的，具有强心利尿、抗菌消炎、收敛止泻的作用。

❀可可、咖啡、茶被并称为“世界三大饮料”。

❀中国出产的茶叶有非常多的品种，分为绿茶、黄茶、乌龙茶、红茶、黑茶、白茶六类。

第八课　果

阅读文本

花婆婆住在遥远的水果星球上。水果星球上到处都种满了各种各样的果树，花婆婆每天都能吃到新鲜的水果。

每天夜里，花婆婆都会乘着月光来到地球上，走进小朋友们甜美的梦中，给他们送上新鲜的水果让他们品尝。在梦里，孩子们大口地吃着水果，特别开心。

当花婆婆进入小女孩儿松儿的梦时，事情开始不顺利了。松儿一定要等到爸爸妈妈回来才愿意吃香喷喷的水果，无论花婆婆怎么劝都不管用。

没完成任务的花婆婆有点儿伤心。她悄悄地调查了一下，发现松儿的父母工作特别忙，很少有机会陪伴她。松儿非常想念爸爸妈妈，没有爸爸妈妈在身边，她什么都不想吃。如果有什么好吃的，她也一定要等爸爸妈妈回来后跟他们分享。

花婆婆很可怜松儿，决定帮帮她。她让正在工作的松儿父母做了一个水果梦，他们在梦里吃了花婆婆的水果后不约而同地想起家中的女儿，于是立刻放下工作回家去了。这一天晚上，松儿在梦里和爸爸妈妈一起吃了满满一大盘水果。

善良的花婆婆看到松儿和爸爸妈妈一起高兴地吃水果，感到特别开心。花婆婆带着满足的心情，乘着月光又去其他孩子的梦里了！

练习题

第一部分：辨认信息、想法及细节，并做总结

一、根据短文第一段和第二段回答问题。

1. 花婆婆的家在哪里？

2. 花婆婆的家有什么？

3. 为什么花婆婆每天晚上要来地球？

4. 小朋友在梦里会做什么？

二、根据短文第三段和第四段判断下面叙述的对错，并以短文内容说明理由。

	对	错
1. 松儿不吃花婆婆送来的水果。 理由：________________	□	□
2. 松儿的爸爸妈妈整天工作，完全没有时间理松儿。 理由：________________	□	□

3. 松儿不肯自己一个人吃好吃的东西。 □ □

理由：________________

三、根据短文第五段和第六段选出最适合左边词语的解释，把答案写在方框里。

1. 可怜 □

2. 不约而同 □

3. 善良 □

A. 好心

B. 怜悯

C. 值得怜悯

D. 约会时间不同

E. 善于，擅长

F. 事先没有约定，但行动却完全一致

第二部分：诠释基本的惯用手法

根据短文回答下面的问题。

1. 这篇短文的体裁是什么？

2. 这篇短文的主旨是什么？

3. 简单说明一下插图的内容。

第三部分：识别思想观点、看法和态度，并针对材料做出个人回应

通过阅读短文并结合你自身的经历回答下面的问题。

1. 你的爸爸妈妈工作忙吗？爸爸妈妈不在家的时候你会做什么？

2. 独生子女家庭和多子女的家庭，你更喜欢哪一个？

文化小贴士

“果”这个字由上下两部分组成。上半部分的“田”指“粮食”，下半部分的“木”指“木本植物”。“田”与“木”联合起来，表示“树木上面长出来的可以填饱肚子的东西”。在汉语里面，“果”除了指植物的果实外，也指事情的结局或者成效。

甲骨文 

金文 

小篆  楷体 果

跨学科百宝箱

关于“果”的小知识

❀水果是指那些多汁且味道甜美、可供人类直接生吃的植物果实。

❀多吃水果有益于身体健康，多数水果具有降血压、减缓衰老、减肥瘦身、皮肤保养、明目、抗癌、补充维生素等保健作用。

❀有一种植物叫作“无花果”，在汉语里的意思是不开花就能结出果实。但实际上这是古代人的误会，无花果是能够开花的，只不过花朵隐藏在囊状总花托里，掩盖于枝叶的腋窝中，不容易被人看见。

第九课　丝

阅读文本

在遥远的东方，有一个小国家叫作“青丝国”。青丝国出产的美丽丝绸受到很多国家人民的欢迎。

不幸的是，青丝国国王娶了一个脾气很不好的王后。她最喜欢穿各式各样的丝绸裙子，因此她总是让国王命令城中百姓为她制作新衣。

这天，王后突发奇想，想要一件与众不同的丝绸裙子。她希望裙子由彩色的丝线织成，绣满一百多朵不同样式的花，

重量要比一根头发还轻。这可难倒了青丝国所有的养蚕人、裁缝和绣工，那些没有达到王后要求的人都被杀了。

这时，有一个少年主动来到王宫，说自己做好了王后想要的丝绸裙子，但这件天下最美丽的裙子只有天下最美丽的人才能穿，否则穿裙子的人就会被天神惩罚，变成每天吐丝的蚕。自负的王后不相信少年所说的话，从他手中抢过裙子试穿。果然，王后在这天夜里就变成了蚕。着急的国王派人到处寻找，却再也没有找到这个少年。

从此，青丝国的百姓再也不用每天忙着为王后做丝绸裙子了。大家都说，少年是为了帮助青丝国而来的丝绸之神。为了感谢他，百姓们把他留下的那件裙子供奉起来。从此，青丝国的繁荣延续了很多年。

练习题

第一部分：辨认信息、想法及细节，并做总结

一、根据短文第一段选出正确的答案，把答案写在方框里。

1. 青丝国位于哪个方位？ □

A. 东　　B. 南

C. 西　　D. 北

2. 青丝国什么东西最著名？ □

A. 丝绸的衣服　　B. 丝绸的裙子

C. 丝绸的新衣　　D. 美丽的丝绸

二、根据短文第二段和第三段判断下面叙述的对错，并以短文内容说明理由。

	对	错
1. 青丝国国王性格挑剔而暴戾。 理由：________________	□	□
2. 青丝国王后喜欢穿丝绸裙子。 理由：________________	□	□

3. 王后想要的丝绸裙子非常难做。 □ □

理由：________________________

三、根据短文第三段选出最接近左边句子的结尾，把答案写在方框里。

1. 最美丽的裙子，	□	A. 就会受到天神的惩罚。
		B. 因为会变成每天吐丝的蚕。
2. 不是天下最美的人穿了那条裙子，	□	C. 最美丽的人才能穿。
		D. 就会变成每天吐丝的蚕。
		E. 从他手中抢过裙子。
3. 王后不相信少年的话，	□	F. 做成了一条美丽的丝绸裙子。

四、根据短文选出最接近左边词语的解释，把答案写在方框里。

1. 轻盈飘逸	□	A. 持续下去
		B. 突然想出一个非常奇怪的想法
		C. 自以为谁也比不上自己
		D. 在细节上过分地找毛病
2. 突发奇想	□	E. 轻巧柔美

第二部分：诠释基本的惯用手法

根据短文回答下面的问题。

1. 这是一篇什么体裁的文章？

2. 这篇短文的含义不包括 ______。 □

A. 丝绸之神的机智

B. 国王和王后一样挑剔

C. 丝绸非常美丽

D. 做人要善良

3. 请简要说明一下插图的内容。

第三部分：识别思想观点、看法和态度，并针对材料做出个人回应

通过阅读短文并结合你自身的经历回答下面的问题。

1. 你喜欢丝绸的衣服吗？为什么？

2. 丝绸做的衣服和牛仔布做的衣服，你最喜欢哪一种？为什么？

文化小贴士

“丝”一般指蚕吐出的像线的东西，是织绸缎等布料的原料。缫丝织绸是中国人民的伟大创造，目前已知的最早丝织物出土于距今约 4700 年的良渚文化遗址。

从汉朝起，中国民间就开始大规模地生产丝绸，很多家庭都能够自己养蚕织布。中国的丝绸不断大批地运往国外，成为世界闻名的产品。为了运送丝绸，在亚洲、非洲和欧洲之间，形成了一条繁荣的商业贸易通道，它也沟通了东西方世界的经济文化交流。这条通道被欧洲人称作“丝绸之路”，因此中国也被称为“丝国”。

跨学科百宝箱

关于“丝”的小知识

❀蚕一生要经过四个阶段：卵、幼虫、蛹和蛾。蚕主要以桑树叶子为食，幼虫生长到一定阶段就会吐丝结茧，然后变成蚕蛾破茧而出。

❀蚕丝的主要成分是蛋白质和纤维，还有少量的油脂和色素。

❀由于现代纺织技术的不断进步，我们通常所看到的丝绸已经不是纯的蚕丝制品，而是加入了人造或天然长丝纤维纺织而成的。

第十课 毛

阅读文本

熊猫圆圆刚刚从妈妈肚子里出生的时候只有巴掌那么大，像一只圆圆的小肉球。圆圆每天做的第一件事就是依偎在妈妈怀里吃奶。圆圆的妈妈有黑白相间的漂亮皮毛，圆圆最喜欢在妈妈厚实的白肚皮上调皮地滚来滚去了！

这天，在小河边喝水的时候，圆圆从河面的倒影中看到了自己。圆圆发现，自己浑身都是粉红的肉色。圆圆觉得自己长得太丑了，非常伤心。他多么希望自己能有一身漂亮的皮毛啊！

为了给自己穿上漂亮的毛皮外衣，圆圆开始想办法。他在青草地上来回滚了一天，没能长出青色的毛。他在小河里泡了一天，没能长出蓝色的毛。他在太阳下晒了一天，没能长出红色的毛。他最后跳进了农民伯伯酿葡萄酒的桶，也没长出紫色的毛，还喝得醉醺醺的。

妈妈把圆圆从葡萄酒桶里捞出来后臭骂了他一顿。妈妈告诉圆圆，刚出生不久的熊猫宝宝都是没有毛的，随着熊猫宝宝逐渐长大，黑白的漂亮皮毛就会长出。过了几天，圆圆再仔细看看自己，可不是嘛，他已经变得黑白相间，活生生像一个小号的妈妈！圆圆想起自己做的傻事，感到很不好意思，害羞地把脸埋在了妈妈温暖的臂弯中。

练习题

第一部分：辨认信息、想法及细节，并做总结

一、根据短文回答问题。

1. 熊猫宝宝刚出生的时候是什么样子的？

（1）________

（2）________

（3）________

2. 熊猫妈妈的样子是怎样的？

3. 熊猫宝宝为什么感到伤心？

4. 为了让自己穿上漂亮的衣服，熊猫宝宝做了哪四件事？

（1）______________

（2）______________

（3）______________

（4）______________

5. 熊猫宝宝最后为什么感到不好意思？

二、重读短文，选出最适合左边词语的解释，把答案写在方框里。

1. 厚实	□	A. 逐一地
		B. 电影
2. 倒影	□	C. 又厚又实在
		D. 不好意思，难为情
3. 逐渐	□	E. 慢慢地
		F. 非常真实的
4. 活生生	□	G. 倒立的影子
5. 害羞	□	H. 有生命的，活的

第二部分：诠释基本的惯用手法

根据短文回答下面的问题。

1. 这篇短文包括了 ______。 □

A. 人物对话　　B. 论点论据

C. 细节描写　　D. 名言引用

2. 作者写这篇文章的目的是什么？

3. 请简单描述一下插图的内容。

第三部分：识别思想观点、看法和态度，并针对材料做出个人回应

通过阅读短文并结合你自身的经历回答下面的问题。

1. 如果你是熊猫妈妈，你也会把熊猫宝宝“臭骂一顿”吗？为什么？

2. 你见过熊猫吗？你知道熊猫的生活习性吗？请上网找资料，简单说明一下。

3. 你喜欢小动物吗？你喜欢哪种小动物？为什么？

文化小贴士

在汉语中，“毛”除了指动植物的皮上所生的丝状物、鸟类的羽毛之外，还有很多不同的意思。它可以用来形容物品粗糙而不纯净，形容人粗心、惊慌或者发

怒，此外还可以作为一个姓氏。

动物的毛发在人类生活中被广泛地使用。它们可以被织成毛线、做成毛衣；可以和其他材料一起被加工成布料，制作成能够在冬季防寒保暖的大衣；彩色的羽毛也可以作为装饰物，点缀我们的常用器具和服饰。

跨学科百宝箱

关于“毛”的小知识

❀我们在冬季常穿的毛衣是用毛线编织而成的。毛线除了有羊毛等动物毛做成的，还有腈纶、涤纶等纤维做成的。

❀不同动物的毛发颜色也不相同。绵羊和白兔的毛是白色的，而麻雀的羽毛常是栗色带有黑色条纹的。

❀动物的毛生长于皮肤表面，所以在中国有“皮之不存，毛将焉附”的说法，用来比喻事物失去了借以生存的基础就不能存在。

第十一课　羽

阅读文本

很久以前有一对兄妹，哥哥叫飞羽，妹妹叫灵珠。飞羽和灵珠的父母在他们很小的时候就去世了，留下两个人相依为命。哥哥飞羽有一身打猎的好本领，进山林从不空手而归。靠着卖出猎物所赚的钱，他们倒也衣食无忧。

可是，飞羽有一块心病，就是妹妹灵珠从出生起就看不见东西。他带着灵珠看过很多大夫，他们都说没有医治的办法。

伤心的飞羽在山林深处找到山神求助，山神被他感动了，告诉他只要集齐四种颜色的凤凰尾羽，把它们放在荷包里让妹妹带在身上，妹妹的眼睛就能恢复光明。听到这个消息后，飞羽就把灵珠托付给朋友们照顾，自己去远方寻找凤凰。

飞羽历尽艰辛，爬山过海，跑遍了东南西北。工夫不负有心人。飞羽终于在东方找到了红色的凤凰尾羽，在西方找到了黄色的凤凰尾羽，在南方找到了绿色的凤凰尾羽，在北方找到了蓝色的凤凰尾羽。他满怀希望回到家乡，成功地让妹妹的眼睛重见了光明。兄妹俩在山神的帮助下，从此过上了快乐幸福地生活。

练习题

第一部分：辨认信息、想法及细节，并做总结

一、根据短文的第一段判断下面叙述的对错，并以短文内容说明理由。

	对	错
1. 飞羽是灵珠的哥哥。 理由：________________	☐	☐
2. 飞羽、灵珠和爸爸妈妈一起生活。 理由：________________	☐	☐
3. 飞羽擅长打猎。 理由：________________	☐	☐

二、根据短文的第二段回答下面的问题。

1. 灵珠原本是一个健全的孩子吗？为什么？

2. 从第二段的哪个词语可以看出飞羽非常关心灵珠？

三、根据短文第三段选出最适合左边句子的结尾，把答案写在方框里。

1. 飞羽去山林深处 □

2. 山神告诉他要治好灵珠的病， □

3. 飞羽自己 □

A. 去远方寻找凤凰。

B. 找山神帮忙。

C. 就能恢复光明。

D. 必须要集齐四种颜色的凤凰尾羽。

E. 放在荷包里让妹妹带在身上。

F. 托付给朋友们照顾。

四、用短文第四段中出现的词语完成下面的句子。

1. 无论通往成功的路途有多 ______，我都不会放弃。

2. 在家人的细心照顾下，爷爷的眼睛 ______ 了光明。

第二部分：诠释基本的惯用手法

根据短文回答下面的问题。

1. 这不是一篇 ______。 □

A. 寓言故事　　B. 广告宣传

C. 童话故事　　D. 富有寓意的故事

2. 这个故事的中心思想是什么？

3. 请描述一下插图的内容。

第三部分：识别思想观点、看法和态度，并针对材料做出个人回应

通过阅读短文并结合你自身的经历回答下面的问题。

1. 你有兄弟姐妹吗？你在家里和谁的关系最好？

2. 比较你和兄弟姐妹（或爸爸妈妈）的性格，举例说明你们是如何化解矛盾的。

文化小贴士

“羽”主要指鸟的羽毛或者昆虫的翅膀。这个字还可以作为偏旁，所有以“羽”作为偏旁的字，字义大多与羽毛有关。“羽”字还有辅佐、党羽之义，也可以用来指扇子和书信。

跨学科百宝箱

关于“羽”的小知识

❀鸟类靠着翅膀才能在天空飞翔，翅膀上往往有长而厚实的羽毛。

❀蝙蝠虽然没有鸟类那样的羽毛和翅膀，但也能够在空中飞行，它靠的是翅膀一样的前肢——翼手。

❀“箭”是中国古代一种常见兵器，可以用来狩猎或者打仗。箭的末端一般都有羽毛，可以使箭在空中飞起。

第十二课　鱼

阅读文本

很久以前，有个叫公仪休的人。他因为学识渊博，被皇帝任命做了大官。公仪休非常喜欢吃鱼，每一顿饭都不能离了鱼。他上任后，所有的亲戚朋友，甚至是素不相识的人都买了鱼前来拜见他。公仪休对上门的人以礼相待，但坚决不收他们送来的鱼。

公仪休的一个学生听说老师当上了高官，也买了鱼前来祝贺。公仪休拒绝接受他送来的鱼。学生感到奇怪，问道："老师一向喜欢吃鱼，为什么不收我送的鱼呢？"

公仪休回答说："大家纷纷送我鱼，无非是想要讨好我，或者是请求我在仕途上帮助他们。但是我作为职位最高的大臣，应该坚持做官和做人的原则，不能因为收了礼物就做出不公正的决定。所以我不敢收别人送的鱼。"

学生又问："我是您的学生，送鱼仅表示祝贺，并没有其他所求，请老师收下吧。"

公仪休摇头说道："万万不可。一旦我收了你的鱼，又凭什么去拒绝其他人送的鱼呢？现在我的收入足够我买鱼吃，如果因为收礼物违反法律、失去官职，自己就没有买鱼的钱了。"

学生终于被公仪休说服，带着鱼离开了。

练习题

第一部分：辨认信息、想法及细节，并做总结

一、根据短文第一段回答问题。

1. 公仪休喜欢吃鱼到了什么程度？

2. 别人给公仪休送来各种鱼，公仪休是怎么处理的？

二、根据短文第二段到第六段判断下面叙述的对错，并以短文内容说明理由。

	对	错
1. 公仪休的一个学生当上了高官。 理由：________________	□	□
2. 公仪休的学生一向喜欢吃鱼。 理由：________________	□	□
3. 公仪休做事非常有原则。 理由：________________	□	□

4. 公仪休一向是自己花钱买鱼吃的。 □ □

理由：________________________

5. 公仪休没有和学生一起吃鱼。 □ □

理由：________________________

三、根据短文选出最适合左边词语的解释，把答案写在方框里。

1. 学识渊博 □
2. 素不相识 □
3. 以礼相待 □

A. 根本就不认识
B. 素面
C. 什么都知道
D. 袒护一方
E. 礼貌对待别人
F. 当官的途径和经历

第二部分：诠释基本的惯用手法

根据短文回答下面的问题。

1. 这是一篇什么体裁的文章？

2. 作者写这篇文章的目的是什么？

3. 请简单描述一下短文中的两幅插图的内容。

第三部分：识别思想观点、看法和态度，并针对材料做出个人回应

通过阅读短文并结合你自身的经历回答下面的问题。

1. 你认为公仪休的做法正确吗？为什么？

2. 如果有人给你送礼物，你会怎么办？为什么？

3. 比较一下有鱼有肉的饮食习惯和吃素的饮食习惯，你觉得哪一个对身体更健康？为什么？

文化小贴士

与人类等陆地动物不同，鱼生活在河流和大海中。鱼的生存同样需要氧气，只不过陆生动物直接呼吸空气，而鱼通过鳃来吸收溶解在水中的氧气维持生命。除了游泳之外，还有一些种类的鱼有着特殊的本领：燕鳐鱼会飞，康吉鲤会发声，电鳗能放电，烛光鱼会发光，等等。

跨学科百宝箱

关于“鱼”的小知识

❀鱼是一种水生的冷血脊椎动物，用鳃呼吸，用鳍游泳。现存鱼类可分为两个主要族群：软骨鱼类和硬骨鱼类。

❀大多数鱼的表面有一层鱼鳞。鱼鳞有保护鱼体、减小摩擦、反射光线等作用。

❀目前，世界上被发现并命名的鱼共有 26000 多种。

参考答案

第一课　日

第一部分

一、

1. B　2. C

二、

1. 对。理由：不睡觉的时候，太阳总是很孤单。

2. 对。理由：白云按照太阳的形状画了一个圆，又在中间画了一条横线做笑脸，这样就给太阳起了个名字叫作“日”。

3. 对。理由：太阳太烫了，水做的白云一下子蒸发成水蒸气，消失得无影无踪。

4. 错。理由：太阳失去了唯一的朋友

5. 错。理由：变了新形状的白云又出现了

三、

1. F　2. A　3.B

第二部分

1. D　2. D　3.（答案略）

第三部分

（答案略）

第二课　月

第一部分

一、

1. 让她们能在夜晚的天空中发出金色的光芒

2. 捉迷藏

3. 希望超过婆婆或和婆婆一样好

4. 中国农历每个月的第十五天

5. 星星孙女们总是围着圆圆面孔的婆婆，听婆婆讲故事。

二、

1. C　2. A　3. H　4. I　5. B

第二部分

1. C　2.（答案略）　3.（答案略）

第三部分

（答案略）

第三课　山

第一部分

一、

1. 由天神的七个儿子幻化而成的
2. 住在山脚下

二、

1. 错。理由：常常去圣湖边跳舞
2. 对。理由：过路的行人纷纷停下来观看
3. 对。理由：他们每天在一起唱歌跳舞
4. 错。理由：西泽尔笛子吹得很好
5. 对。理由：很快便相爱了

三、

1. C　2. A　3. F

四、

1. 变成　2. 顺着　3. 能歌善舞
4. 忌日　5. 彼此

第二部分

（答案略）

第三部分

（答案略）

第四课　田

第一部分

一、

1. C　2. A　3. ⑴很大 ⑵漂亮
4. 麦子的香气

二、

1. 对。理由：茂茂尽职尽责地守护着麦田
2. 对。理由：看着麦穗饱满成熟，心里感到十分满足。
3. 错。理由：到了秋天收获的时节，到处弥漫着麦子的香气。
4. 对。理由：茂茂一辈子只能站在一个地方
5. 对。理由：在这个世界上再也没有其他地方比自己的麦田更漂亮了。

三、

1. A　2. C　3. E　4. D　5. G

第二部分

1. A　2.（答案略）　3.（答案略）

第三部分

（答案略）

第五课　木

第一部分

一、

1. C　2. A

二、

1. 对。理由：还被大雨淋得奄奄一息

2. 对。理由：作为树木仙子的阿柠非常怕火

3. 对。理由：他们虽然很相爱，但却永远不能拥抱。

三、

1. 形影不离　2. 牵手　3. 烹饪　4. 长长久久　5. 漫长

第二部分

1. B　2.（答案略）　3.（答案略）

第三部分

（答案略）

第六课　竹

第一部分

一、

1. 商业十分发达的城市

2. 要经过一片广阔的竹林

3. 不安全，因为经常有强盗出没。

4. 竹林中来了一个侠客，自称是云游四方的义士，希望定居在竹林里。

5. 他不但能在翠竹之上轻灵行走，而且来无影去如风，挥剑如同惊雷。

6. 强盗在竹林里放火

7. 整个竹林都变成了焦土

8. 竹林没有消失。“谁知第二天，数不清的竹笋从地下冒出来，飞快地长大，竹林在几天内又恢复了原样。”

9. 没有。“侠客也不知所踪”

10. 侠客林

二、

1. H　2. B　3. F　4. A　5. D

第二部分

1. B　2.（答案略）　3.（答案略）

第三部分

（答案略）

第七课　茶

第一部分

一、

1. 错。理由：独自经营着一个很小的茶园

2. 对。理由：父母早亡

3. 对。理由：出了名的忠厚勤奋，十里八乡的人提起李舒，没有不称赞的

4. 对。理由：李舒终日在茶园劳作

5. 对。理由：质量是清平镇最好的

二、

1. 希望在镇里找一份工作，听说李舒心善，就前来求他。

2. 心善

3. 心灵手巧

4. 四道工序。经过揉捻、搓团、烘干、炒制，制成了一种香气清新的新茶。

5. 无私地把制茶的方法教给了其他人，普及制茶技术。

三、

1. C　2. F　3. E　4. A　5. G

第二部分

1. A　2.（答案略）3.（答案略）

第三部分

（答案略）

第八课　果

第一部分

一、

1. 遥远的水果星球上

2. 各式各样的果树

3. 给小朋友送上新鲜的水果让他们品尝

4. 孩子们大口地吃着水果，特别开心。

二、

1. 对。理由：松儿一定要等到爸爸妈妈回来才愿意吃香喷喷的水果。

2. 错。理由：这个小女孩儿的父母工作特别忙，很少有机会陪伴她。

3. 对。理由：如果有什么好吃的，也一定要等爸爸妈妈回来后跟他们分享。

三、

1. B　2. F　3. A

第二部分

（答案略）

第三部分

（答案略）

第九课　丝

第一部分

一、

1. A　2. D

二、

1. 错。理由：青丝国国王娶了一个性格挑剔而暴戾的王后

2. 对。理由：她最喜欢穿各式各样的丝绸裙子

3. 对。理由：这可难倒了青丝国所有的养蚕人、裁缝和绣工

三、

1. C　2. A　3. E

四、

1. E　2. B

第二部分

1.（答案略）　2. B　3.（答案略）

第三部分

（答案略）

第十课　毛

第一部分

一、

1.（1）只有巴掌那么大（2）圆圆的小肉球（3）浑身都是粉红的肉色

2. 有黑白相间的漂亮皮毛

3. 觉得自己长得太丑了，非常伤心

4.（1）在青草地上来回滚了一天（2）在小河里泡了一天（3）在太阳下晒了一天（4）跳进了农民伯伯酿葡萄酒的桶

5. 圆圆想起自己做的傻事，感到很不好意思

二、

1. C　2. G　3. E　4. F　5. D

第二部分

1. C　2.（答案略）　3.（答案略）

第三部分

（答案略）

第十一课　羽

第一部分

一、

1. 对。理由：有一对叫飞羽和灵珠的兄妹

2. 错。理由：他们的父母在他们很小的时候就去世了

3. 对。理由：哥哥飞羽有一身打猎的好本领

二、

1. 不是，因为灵珠从出生起就看不见东西

2. 心病

三、

1. B　2. D　3. A

四、

1. 艰辛　2. 重见

第二部分

1. B　2.（答案略）　3.（答案略）

第三部分

（答案略）

第十二课　鱼

第一部分

一、

1. 每一顿饭都不能离了鱼

2. 坚决不收他们送来的鱼

二、

1. 错。理由：听说老师当上高官

2. 错。理由：老师一向喜欢吃鱼

3. 对。理由：应该坚持做官和做人的原则

4. 对。理由：我的收入足够我买鱼吃

5. 对。理由：学生终于被公仪休说服，带着鱼离开了

三、

1. C　2. A　3. E

第二部分

（答案略）

第三部分

（答案略）

附：

汉字游戏

自然万物 燃料堆1

我们已经学习了日、月、山、田、木这五个汉字。下面图中的汉字笔画可以经过不同的排列组合进行“汉字反应”，进而发生“汉字大爆炸”，生成这五个汉字。试一试，看看如何生成这些字。

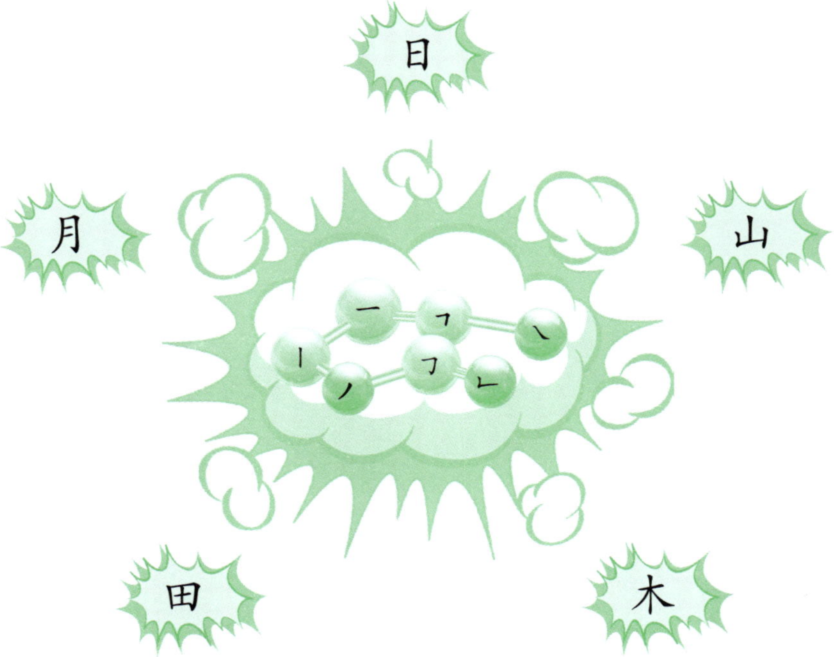

下面是与日、月、山、田、木这五个汉字相关的一组通关游戏，它们分别从音、形、义等方面考查学习者对汉字的掌握水平。注意：每组游戏提供的游戏卡片图均为示例，组织者需要根据参与游戏人数的多少来增减实际使用的卡片。

关卡一 汉字快车

准备20张卡片（如图1.1），分为不同颜色的4组，每组有5张，A组显示拼音，B组显示汉字，C组显示图片，D组显示英文释义。游戏参与者可以分组比赛，也可以单人参赛。假设一组有甲、乙、丙三人。游戏开始时，游戏组织者展示一张英文卡片，甲要先找到相对应的拼音卡片，乙要迅速接力，找到相对应的汉字卡片，丙要迅速找到相对应的图片卡。甲、乙、丙将自己找到的卡片按顺序排列在一起组成汉字快车，看哪组排得又快又正确。每轮比赛参加者应变换顺序。

A组	B组	C组	D组
rì	日		sun
yuè	月		moon
shān	山		mountain
tián	田		field
mù	木		wood

图1.1

关卡二　汉字捉迷藏

准备 9 张扑克牌，并在扑克牌正面贴上不同的汉字卡片（如图 1.2）。游戏参与者可以分组比赛（每三人一组，如果人数不够可以单人独自为一组）。比赛开始后，根据游戏组织者的口令，每组出一人选择自己喜欢的扑克牌，然后把扑克牌正面的汉字卡片贴在下面英文表格中对应的格子上（如图 1.3），同时大声读出该汉字。每轮比赛每组参加的人不能重复，最后看哪一组完成的正确率最高。

图 1.2

day	month	moon
wood	farmland	field
mountain	sun	timber

图 1.3

关卡三　汉字加减法

准备一些汉字卡片和不同的汉字加减题（如图 1.4），游戏参与者可以通过增加或减少部件或笔画得到新的汉字。游戏参与者可以分组比赛，将加减后正确的汉字写到空白的卡片上，然后贴到问号的位置。看哪一组在 30 秒内能完成所有汉字的变形。

日 − 一 = ？	田 − 丨 = ？
山 + 夕 = ？	未 − 一 = ？
木 + 一 = ？	朋 − 月 = ？
月 + 月 = ？	日 + 一 = ？

图 1.4

关卡四　火眼金睛寻汉字

准备一个汉字转盘（如图 1.5），上面的汉字各不相同，但有些字形非常相近；同时在黑板上画几组米字格（如图 1.6），每组格子分别标上比赛小组的组号。游戏参与者分成几个小组参加比赛，比赛规定时间为 ×× 秒（可以根据游戏参与者情况自行设计）。比赛开始，一个人不停地转动转盘。参与者要迅速找出本组学过的汉字，并迅速把该字写到本小组的米字格里，看哪一组最后找到的并且写对的汉字最多。

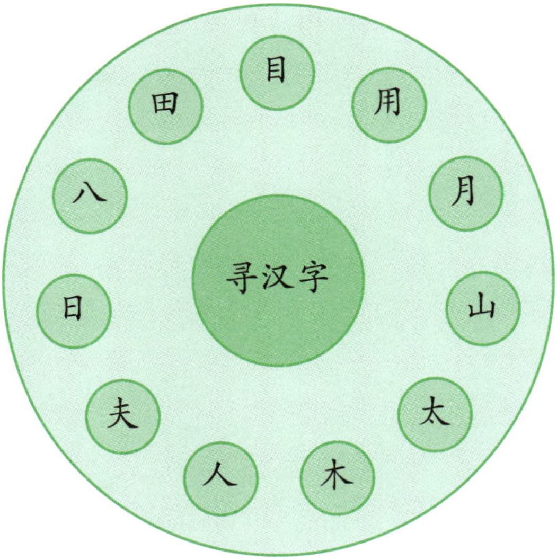

图 1.5

组一：

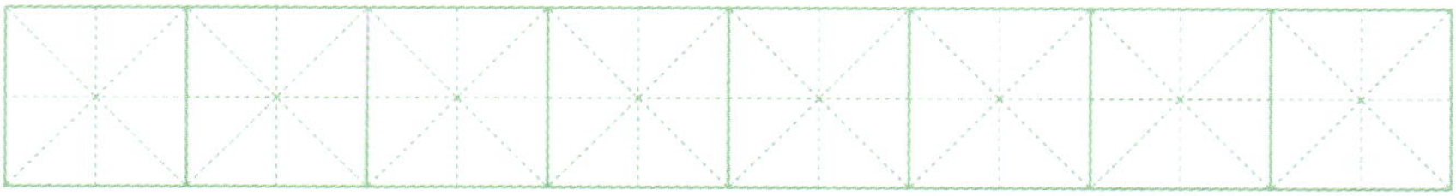

组二：

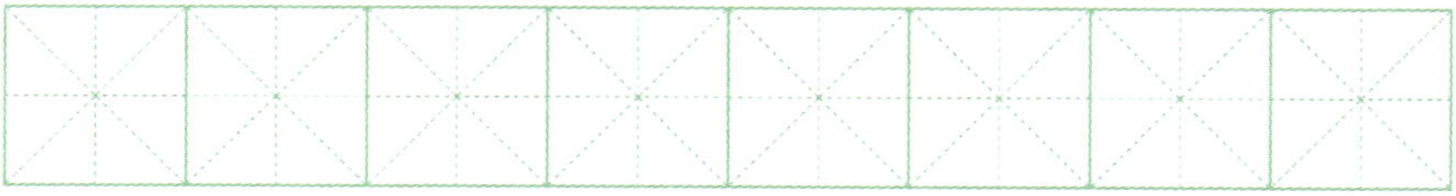

组三：

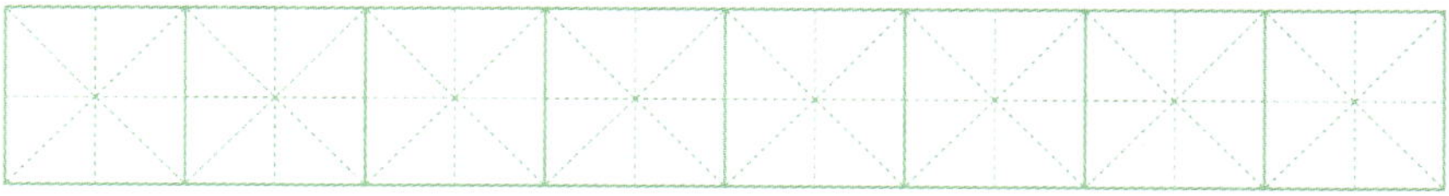

图 1.6

关卡五　汉字对对碰

准备一些气球（注意气球不要吹得太大），并且在每个气球上贴一张汉字卡片（如图 1.7）。游戏参与者分组进行比赛，每个小组抽三到五个气球，组员用很短的时间浏览一遍本组气球上的字卡；上场参加对对碰的每个组员身上都粘有一个气球，大家要相互碰撞气球，在此过程中找到能和本组的汉字组合成词的汉字，并快速取下对方气球上的汉字，然后放到自己小组的“汉字池塘”（如图 1.8）里。同一组的组员可以进行合理分工，灵活敏捷的组员上场参加对对碰，其他人可以帮助队友防御其他组员的碰撞。最后看哪个组在规定时间内能组合出的词语最多。

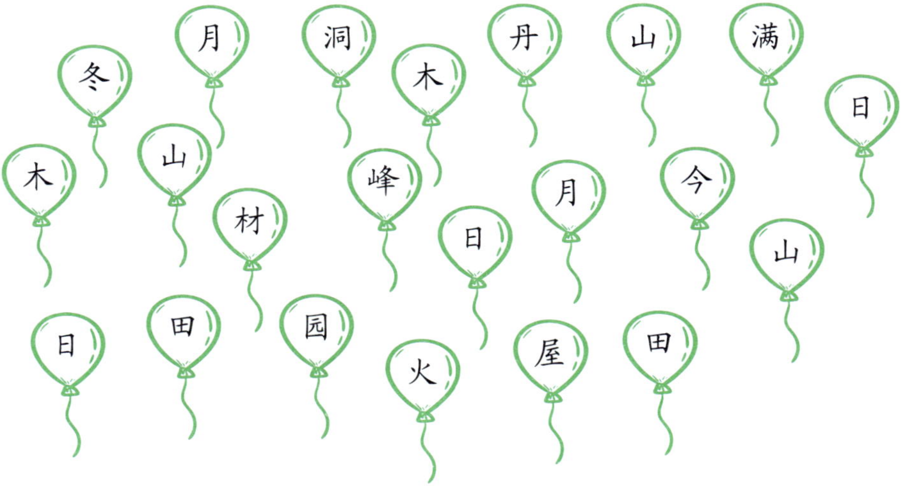

图 1.7

图 1.8

关卡六　汉字的小伙伴在哪里

准备一些纸条，并在纸条上分别写上英文句子和对应的中文句子，中文句子中有缺失的汉字（缺失的汉字必须是本组中学过的）（如图 1.9）。游戏参与者可分组进行比赛。假设一组有甲、乙、丙三人。游戏开始后，甲先抽取英文字条，然后根据英文提示找到相对应的中文字条，并把中文字条交给乙。乙看完字条要先猜出中文句子中缺失的汉字，然后用肢体语言和声音表达出缺失的汉字（注意：乙不能直接说出缺失的那个汉字，如果说出来则本轮犯规不得分）。丙要通过观察乙的表演大声说出缺失的汉字，最后三人一起大声朗读完整的句子。每正确完成一个句子积 1 分。每轮比赛组员角色互换，在规定时间内得分最高的小组获胜。

今天是一个难忘的（　　）子。	猴子捞（　　）亮。
请保护树（　　）。	Today is an unforgetable day.
He's already numb.	农民伯伯在农（　　）里劳作。
Monkeys grasp the moon.	There is a volcano ahead.
前边有一座火（　　）。	他已经麻（　　）了。
Farmers are working in the field	Please protect the trees.

图 1.9

提示：

每一关的游戏如果参与组数较多，可以多准备几组卡片，以备不时之需。

通过六个关卡最后胜出的小组可以获得通关文牒（如图 1.10）。

图 1.10

我们已经学习了竹、茶、丝、毛这四个汉字。下面图中的汉字笔画可以经过不同的排列组合进行“汉字反应”，进而发生“汉字大爆炸”，生成这四个汉字。试一试，看看如何生成这些字。

下面是与竹、茶、丝、毛这四个汉字相关的一组通关游戏，它们分别从音、形、义等方面考查学习者对汉字的掌握水平。注意：每组游戏提供的游戏卡片图均为示例，组织者需要根据参与游戏人数的多少来增减实际使用的卡片。

关卡一　汉字快车

准备 16 张卡片（如图 2.1），分为不同颜色的 4 组，每组有 4 张，A 组显示拼音，B 组显示汉字，C 组显示图片，D 组显示英文释义。游戏参与者可以分组比赛，也可以单人参赛。假设一组有甲、乙、丙三人。游戏开始时，游戏组织者展示一张英文卡片，甲要先找到相对应的拼音卡片，乙要迅速接力，找到相对应的汉字卡片，丙要迅速找到相对应的图片卡。甲、乙、丙将自己找到的卡片按顺序排列在一起组成汉字快车，看哪组排得又快又正确。每轮比赛参加者应变换顺序。

A 组	B 组	C 组	D 组
zhú	竹		bamboo
chá	茶		tea
sī	丝		silk
máo	毛	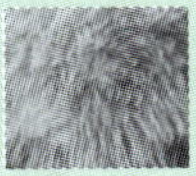	fur

图 2.1

关卡二　汉字捉迷藏

准备 6 张扑克牌，并在扑克牌正面贴上不同的汉字卡片（如图 2.2）。游戏参与者可以分组比赛（每三人一组，如果人数不够可以单人独自为一组）。比赛开始后，根据游戏组织者的口令，每组出一人选择自己喜欢的扑克牌，然后把扑克牌正面的汉字卡片贴在下面英文表格中对应的格子上（如图 2.3），同时大声读出该汉字。每轮比赛每组参加的人不能重复，最后看哪一组完成的正确率最高。

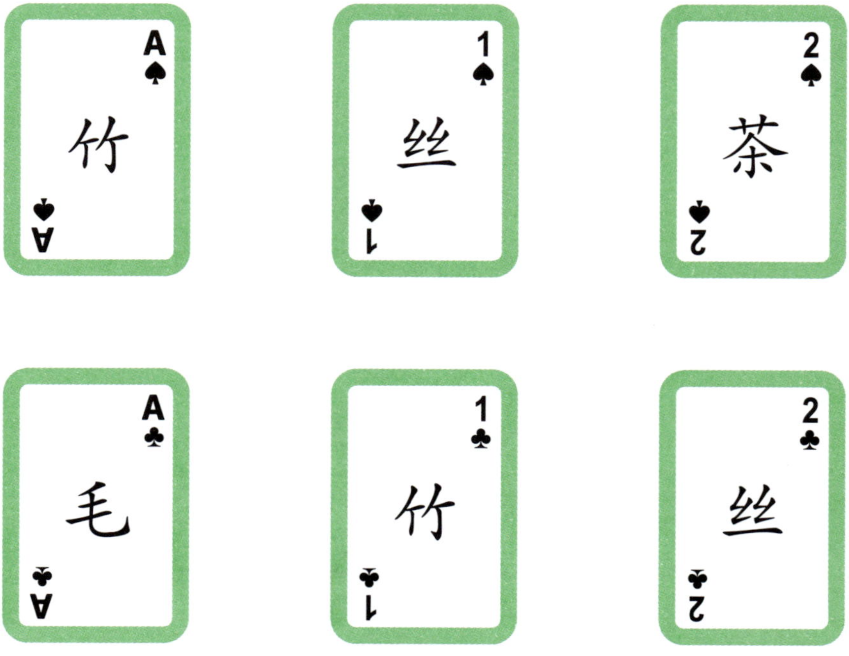

图 2.2

fur	silk	bamboo
tea	hair	anything threadlike

图 2.3

关卡三　汉字加减法

准备一些汉字卡片和不同的汉字加减题（如图 2.4），游戏参与者可以通过增加或减少部件或笔画得到新的汉字。游戏参与者可以分组比赛，将加减后正确的汉字写到空白的卡片上，然后贴到问号的位置。看哪一组在 30 秒内能完成所有汉字的变形。

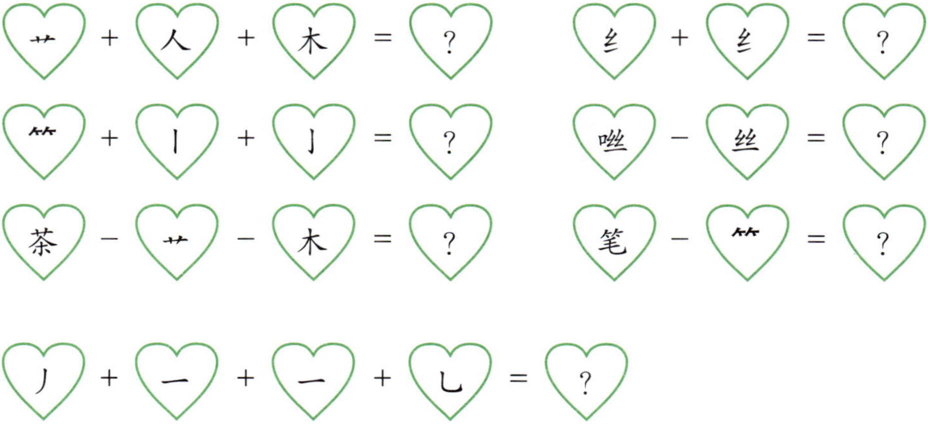

图 2.4

关卡四 火眼金睛寻汉字

准备一个汉字转盘（如图 2.5），上面的汉字各不相同，但有些字形非常相近；同时在黑板上画几组米字格（如图 2.6），每组格子分别标上比赛小组的组号。游戏参与者分成几个小组参加比赛，比赛规定时间为 ×× 秒（可以根据游戏参与者情况自行设计）。比赛开始，一个人不停地转动转盘。参与者要迅速找出本组学过的汉字，并迅速把该字写到本小组的米字格里，看哪一组最后找到的并且写对的汉字最多。

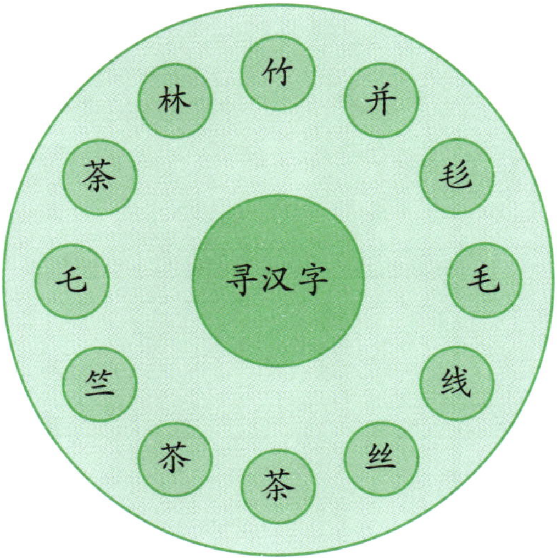

图 2.5

组一：

组二：

组三：

图 2.6

关卡五　汉字对对碰

准备一些气球（注意气球不要吹得太大），并且在每个气球上贴一张汉字卡片（如图 2.7）。游戏参与者分组进行比赛，每个小组抽三到五个气球，组员用很短的时间浏览一遍本组气球上的字卡；上场参加对对碰的每个组员身上都粘有一个气球，大家要相互碰撞气球，在此过程中找到能和本组的汉字组合成词的汉字，并快速取下对方气球上的汉字，然后放到自己小组的“汉字池塘”里（如图 2.8）。同一组的组员可以进行合理分工，灵活敏捷的组员上场参加对对碰，其他人可以帮助队友防御其他组员的碰撞。最后看哪个组在规定时间内能组合出的词语最多。

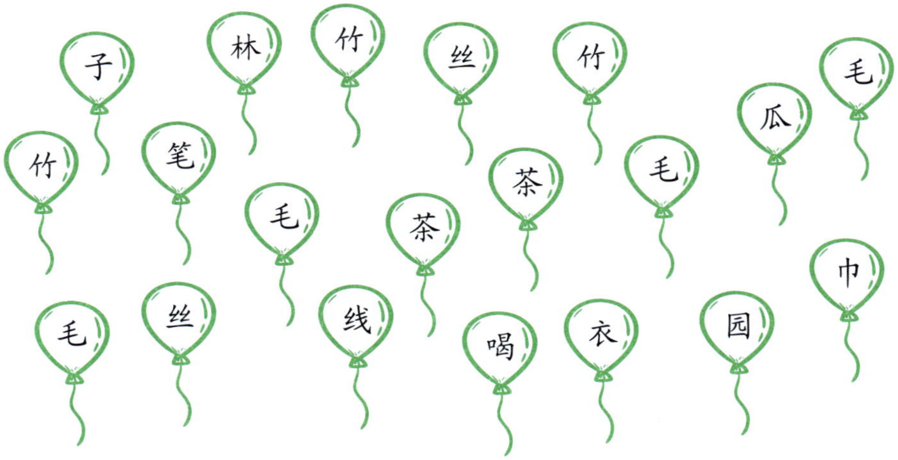

图 2.7

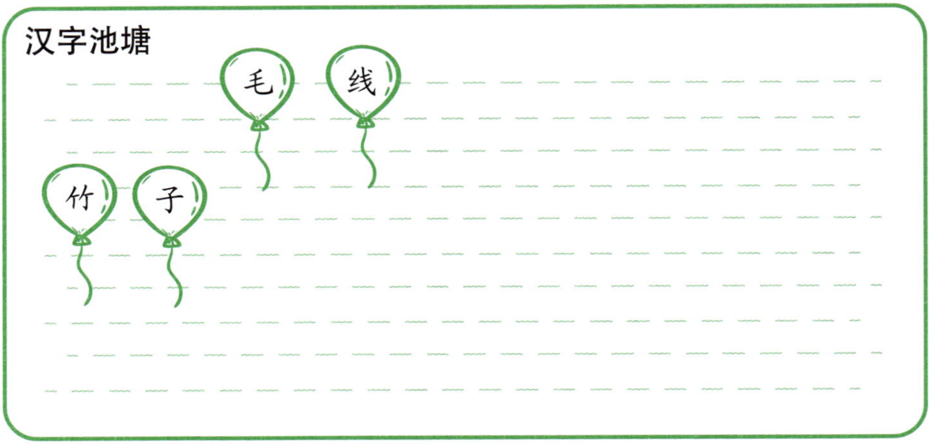

图 2.8

关卡六　汉字的小伙伴在哪里

准备一些纸条，并在纸条上分别写上英文句子和对应的中文句子，中文句子中有缺失的汉字（缺失的汉字必须是本组中学过的）（如图 2.9）。游戏参与者可分组进行比赛。假设一组有甲、乙、丙三人。游戏开始后，甲先抽取英文字条，然后根据英文提示找到相对应的中文字条，并把中文字条交给乙。乙看完字条要先猜出中文句子中缺失的汉字，然后用肢体语言和声音表达出缺失的汉字（注意：乙不能直接说出缺失的那个汉字，如果说出来则本轮犯规不得分）。丙要通过观察乙的表演大声说出缺失的汉字，最后三人一起大声朗读完整的句子。每正确完成一个句子积 1 分。每轮比赛组员角色互换，在规定时间内得分最高的小组获胜。

杰克喜欢喝绿（　　）。	中国的（　　）子很美。
今天我买了一件（　　）衣。	Jack likes drinking green tea.
Chinese bamboo is beautiful.	（　　）竹是什么意思？
I bought a sweater today.	What does sizhu mean?

图 2.9

提示：

每一关的游戏如果参与组数较多，可以多准备几组卡片，以备不时之需。

通过六个关卡最后胜出的小组可以获得通关文牒（如图2.10）。

图 2.10

我们已经学习了果、鱼、羽这三个汉字。下面图中的汉字笔画可以经过不同的排列组合进行“汉字反应”，进而发生“汉字大爆炸”，生成这三个汉字。试一试，看看如何生成这些字。

下面是与果、鱼、羽这三个汉字相关的一组通关游戏，它们分别从音、形、义等方面考查学习者对汉字的掌握水平。注意：每组游戏提供的游戏卡片图均为示例，组织者需要根据参与游戏人数的多少来增减实际使用的卡片。

关卡一　汉字快车

准备 12 张卡片（如图 3.1），分为不同颜色的 4 组，每组有 3 张，A 组显示拼音，B 组显示汉字，C 组显示图片，D 组显示英文释义。游戏参与者可以分组比赛，也可以单人参赛。假设一组有甲、乙、丙三人。游戏开始时，游戏组织者展示一张英文卡片，甲要先找到相对应的拼音卡片，乙要迅速接力，找到相对应的汉字卡片，丙要迅速找到相对应的图片卡。甲、乙、丙将自己找到的卡片按顺序排列在一起组成汉字快车，看哪组排得又快又正确。每轮比赛参加者应变换顺序。

A 组	B 组	C 组	D 组
guǒ	果		fruit
yǔ	羽		feather
yú	鱼		fish

图 3.1

关卡二　汉字捉迷藏

准备 6 张扑克牌，并在扑克牌正面贴上不同的汉字卡片（如图 3.2）。游戏参与者可以分组比赛（每三人一组，如果人数不够可以单人独自为一组）。比赛开始后，根据游戏组织者的口令，每组出一人选择自己喜欢的扑克牌，然后把扑克牌正面的汉字卡片贴在下面英文表格中对应的格子上（如图 3.3），同时大声读出该汉字。每轮比赛每组参加的人不能重复，最后看哪一组完成的正确率最高。

图 3.2

fruit	fish	consequence
plume	result	feather

图 3.3

关卡三　汉字加减法

准备一些汉字卡片和不同的汉字加减题（如图 3.4），游戏参与者可以通过增加或减少部件或笔画得到新的汉字。游戏参与者可以分组比赛，将加减后正确的汉字写到空白的卡片上，然后贴到问号的位置。看哪一组在 30 秒内能完成所有汉字的变形。

日 + 木 = ?

鱼 + 羊 = ?

习 + 习 = ?

棵 − 果 = ?

刀 + 田 + ? = 横

栩 − 木 − 习 = ?

鲁 − 鱼 = ?

图 3.4

关卡四　火眼金睛寻汉字

准备一个汉字转盘（如图 3.5），上面的汉字各不相同，但有些字形非常相近；同时在黑板上画几组米字格（如图 3.6），每组格子分别标上比赛小组的组号。游戏参与者分成几个小组参加比赛，比赛规定时间为 ×× 秒（可以根据游戏参与者情况自行设计）。比赛开始，一个人不停地转动转盘。参与者要迅速找出本组学过的汉字，并迅速把该字写到本小组的米字格里，看哪一组最后找到的并且写对的汉字最多。

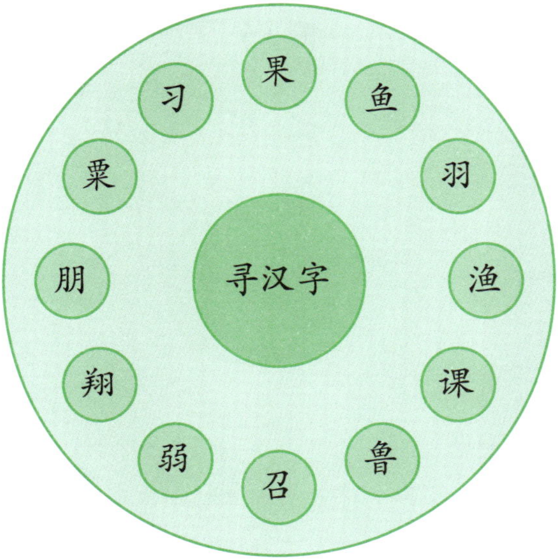

图 3.5

组一：

组二：

组三：

图 3.6

关卡五　汉字对对碰

准备一些气球（注意气球不要吹得太大），并且在每个气球上贴一张汉字卡片（如图 3.7）。游戏参与者分组进行比赛，每个小组抽三到五个气球，组员用很短的时间浏览一遍本组气球上的字卡；上场参加对对碰的每个组员身上都粘有一个气球，大家要相互碰撞气球，在此过程中找到能和本组的汉字组合成词的汉字，并快速取下对方气球上的汉字，然后放到自己小组的“汉字池塘”里（如图 3.8）。同一组的组员可以进行合理分工，灵活敏捷的组员上场参加对对碰，其他人可以帮助队友防御其他组员的碰撞。最后看哪个组在规定时间内能组合出的词语最多。

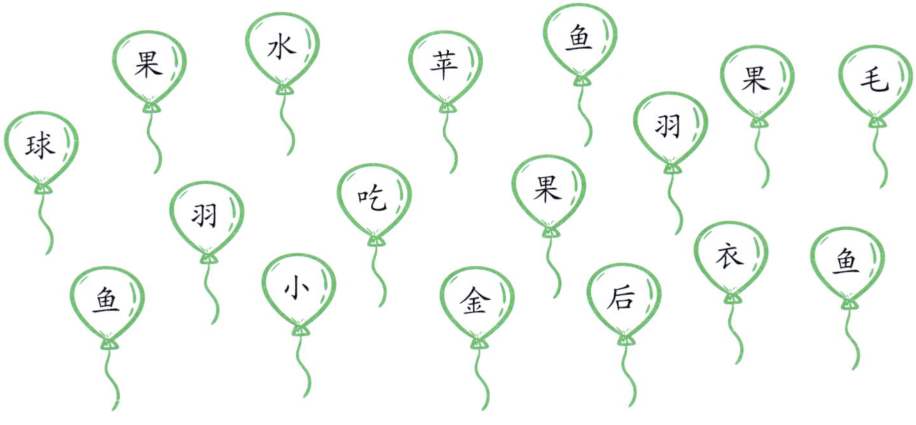

图 3.7

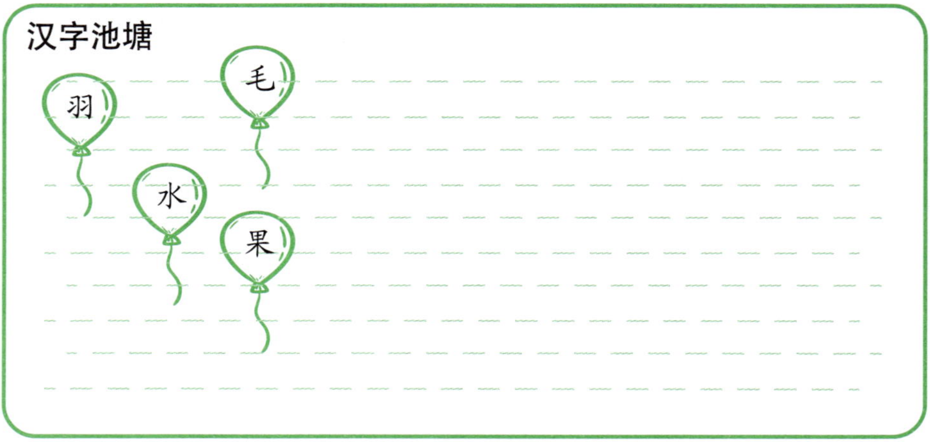

图 3.8

关卡六　汉字的小伙伴在哪里

准备一些纸条，并在纸条上分别写上英文句子和对应的中文句子，中文句子中有缺失的汉字（缺失的汉字必须是本组中学过的）（如图 3.9）。游戏参与者可分组进行比赛。假设一组有甲、乙、丙三人。游戏开始后，甲先抽取英文字条，然后根据英文提示找到相对应的中文字条，并把中文字条交给乙。乙看完字条要先猜出中文句子中缺失的汉字，然后用肢体语言和声音表达出缺失的汉字（注意：乙不能直接说出缺失的那个汉字，如果说出来则本轮犯规不得分）。丙要通过观察乙的表演大声说出缺失的汉字，最后三人一起大声朗读完整的句子。每正确完成一个句子积 1 分。每轮比赛组员角色互换，在规定时间内得分最高的小组获胜。

我哥哥不喜欢吃水（　　）。

那只小鸟的（　　）毛是彩色的。

我想吃（　　）。

My brother doesn't like eating fruit.

The feather of that little bird is multicolour.

I want to eat fish.

图 3.9

提示：

每一关的游戏如果参与组数较多，可以多准备几组卡片，以备不时之需。

通过六个关卡最后胜出的小组可以获得通关文牒（如图3.10）。

图 3.10

作者简介

冯薇薇（Vivienne Fung），英国语言文学学士、教育学专业学士及普通话教育专业硕士，拥有20年国际学校中文教学的经验。曾任香港英基协会中文教师、东莞东华文泽学校中文部主任，现为IBDP中文考官、IBDP中文教师培训官，IB申报资料审阅员。

叶颖颖，女，华东师范大学教师，讲师。多年来在中国、美国、英国和比利时从事汉语及中国文化教学工作。2018年参加第二届全国“汉教英雄会”并获得明星导师荣誉，所指导学生在汉语比赛中多次获奖。

封文慧，北京师范大学现当代文学硕士，研究方向为文学创作与批评。现为广州文学艺术创作研究院专业作家。曾在《中国作家》《青年文学》《中国少年报·快乐百科》等刊物上发表多部作品。

出版策划：王君校　韩　晖
统筹协调：付　眉　韩　颖　彭　博
策划编辑：韩　颖　刘小琳
责任编辑：杨　晗
封面设计：北京几何创想艺术设计有限公司
印刷监制：汪　洋

图书在版编目（CIP）数据

IB MYP 中文语言习得阅读训练. 自然万物 / 冯薇薇，叶颖颖，封文慧编著. -- 北京 : 华语教学出版社， 2020.10
ISBN 978-7-5138-2004-2

Ⅰ. ①I… Ⅱ. ①冯… ②叶… ③封… Ⅲ. ①汉语一阅读教学一对外汉语教学一教学参考资料 Ⅳ. ① H195.4

中国版本图书馆 CIP 数据核字（2020）第 172047 号

IB MYP 中文语言习得阅读训练：自然万物

冯薇薇　叶颖颖　封文慧　编著

*

华语教学出版社有限责任公司出版
（中国北京百万庄大街 24 号　邮政编码 100037）
电话：(86)10-68320585, 68997826
传真：(86)10-68997826, 68326333
网址：www.sinolingua.com.cn
电子信箱：hyjx@sinolingua.com.cn
北京玺诚印务有限公司印刷
2021 年（16 开）第 1 版
2021 年第 1 版第 1 次印刷
ISBN 978-7-5138-2004-2
003900